PADRE REGINALDO MANZOTTI

apresenta

com texto de
CAROLINA CHAGAS

NOSSA SENHORA
APARECIDA

Copyright © 2015, by Pe. Reginaldo Manzotti
Copyright © da coautoria 2015, by Carolina Chagas

Direitos de edição da obra em língua portuguesa no Brasil adquiridos pela PETRA, um selo da EDITORA NOVA FRONTEIRA PARTICIPAÇÕES S.A., licenciado para a PETRA EDITORIAL LTDA. Todos os direitos reservados. Nenhuma parte desta obra pode ser apropriada e estocada em sistema de banco de dados ou processo similar, em qualquer forma ou meio, seja eletrônico, de fotocópia, gravação etc., sem a permissão do detentor do copirraite.

EDITORA NOVA FRONTEIRA PARTICIPAPAÇÕES S.A.
Rua Nova Jerusalém, 345 – Bonsucesso – 21042-235
Rio de Janeiro – RJ – Brasil
Tel.: (21) 3882-8200 – Fax: (21)3882-8212/8313

CIP-BRASIL. CATALOGAÇÃO NA FONTE
SINDICATO NACIONAL DOS EDITORES DE LIVROS, RJ

M253p
    Manzotti, Reginaldo, 1969-
    Pe. Reginaldo Manzotti apresenta Nossa senhora Aparecida / Pe. Reginaldo Manzotti e Carolina Chagas. - 1. ed. - Rio de Janeiro : Petra, 2015.
    64 p.

    ISBN 978.85.2203.078-1
    1. Aparecida, Nossa Senhora. 2. Livros de orações. I. Título. Série.

                                      CDD: 242.76
                                      CDU: 243

PADRE REGINALDO MANZOTTI

apresenta

com texto de
CAROLINA CHAGAS

NOSSA SENHORA APARECIDA

petra

SUMÁRIO

07 . Apresentação

11 . CAPÍTULO 1
A Aparecida

19 . CAPÍTULO 2
As igrejas

27 . CAPÍTULO 3
Os primeiros milagres

37 . CAPÍTULO 4
A imagem da Virgem Maria

41 . CAPÍTULO 5
Orações e novenas

APRESENTAÇÃO

Existem inúmeras devoções a Nossa Senhora aceitas pela Igreja Católica. Todas elas referem-se à mesma pessoa, Maria, mãe de Jesus, a eleita por Deus para gerar e criar Seu Filho, Deus que se fez homem e desceu à Terra para revelar o amor do Pai. Maria nos foi dada como mãe pelo próprio Jesus (cf. João 19,25ss). Ao longo da história, o amor maternal e a preocupação de Maria com a humanidade têm se apresentado através de aparições, revelações e manifestações. Algumas muito conhecidas como as de Fátima, Lourdes, Carmo, Salete, Guadalupe, Aparecida, Caravaggio, entre outras.

A devoção por cada um dos títulos de Nossa Senhora tem uma origem, uma história, uma passagem Bíblica, como, por exemplo, Nossa Senhora do Desterro. As aparições, revelações e manifestações trazem uma mensagem de conversão e paz. São um consolo, face ao sofrimento do povo de Deus.

Neste livro, contamos a história do surgimento da devoção a Nossa Senhora Aparecida. A aparição dessa imagem de Maria nas águas do rio Paraíba do Sul, na cidade de Guaratinguetá, interior de São Paulo, 217 anos depois do descobrimento do Brasil, coincide com uma época em que o povo brasileiro começa a ganhar uma identidade e a viver suas próprias alegrias e tristezas. Foram pescadores brasileiros que encontraram a imagem da Virgem Maria em um momento de aflição. Durante 15 anos ela ficou com a família de um dos pescadores e sua fama de milagreira ganhou o país. A certa altura, o número de pessoas que vinham pedir auxílio ou agradecer por alguma graça a Nossa Senhora Aparecida cresceu de tal forma que uma cidade teve de ser criada para recebê-las.

Nas páginas seguintes, serão contados os detalhes dessa história e apresentadas as orações que os devotos usam para recorrer à Santa.

Ao debruçarmos sobre a história de Nossa Senhora Aparecida, começamos a entender melhor por que as aparições de Maria são tão fortes. Sabemos qual a importância de ter a figura materna por perto nos momentos de dificuldade e de alegria. Maria também é mãe, sabe disso, e está pronta para estender a mão — sob qualquer título com o qual a invoquem — sempre que sentir que seus filhos necessitam. Com sua intercessão, Maria reforça a mesma disposição de proteção e amparo para com seus filhos e filhas que demonstrou com os noivos durante as bodas de Caná (cf. João 2,1-11).

CAPÍTULO 1
A Aparecida

Registros da ocupação do território brasileiro indicam que a região da cidade de Guaratinguetá começou a ser povoada por volta de 1630. Ali viviam homens muito pobres, em casas de pau a pique cobertas de palha, erguidas ao redor de uma singela igreja de madeira. Foi em 13 de fevereiro de 1651 que a cidade elevou-se à categoria de vila, com o nome de Vila de Santo Antônio de Guaratinguetá. Em 1693, a descoberta de ouro em Minas Gerais trouxe prosperidade à cidadela que, por estar às portas da Serra da Mantiqueira, virou rota dos que saíam em busca do metal precioso. Novas casas e pequenas estalagens foram construídas.

Entre os anos 1708 e 1709, a prosperidade foi abalada pela Guerra dos Emboabas, na qual exploradores nascidos em terras paulistas enfrentaram aventureiros portugueses que desembarcavam no litoral do estado e seguiam para Minas Gerais em busca de ouro. Ricos e bem armados, os portugueses derrotaram os paulistas. Depois da batalha, e por causa dela, a cobrança de impostos no estado de São Paulo aumentou, o que deixou a população, que já sofria com o declínio do primeiro ciclo do açúcar, cada vez mais pobre. A exploração do ouro prejudicou também a qualidade dos rios em São Paulo e Minas Gerais. Antes repletas de peixe, as águas poluídas pelo modo de extração do minério começaram a não fornecer mais alimento farto aos que moravam a suas margens.

Foi nessa época que a coroa portuguesa nomeou Dom Pedro de Almeida Portugal, o conde de Assumar, governador e capitão-geral de São Paulo e de Minas Gerais. Na viagem que fez a Minas para assumir o cargo, o conde passou por Guaratinguetá.

Conta-se que Assumar era um dos protegidos do rei de Portugal e que vinha ao Brasil para enriquecer e retornar a seu país. Exigente, gostava de mesa farta. Sua chegada à cidade causou alvoroço. Era preciso ter muita comida para a mesa do governador, e isso tinha se tornado um problema para os moradores da região. Três bons pescadores da vila foram encarregados de fornecer peixe para a mesa do conde de Assumar: Domingos Garcia, João Alves e Filipe Pedroso.

Registros históricos indicam que o conde de Assumar chegou a Guaratinguetá no dia 17 de outubro de 1717 e ali ficou até o dia 30 do mesmo mês. Também está registrado que a primeira pesca feita por João, Domingos e Filipe aconteceu no dia 12 de outubro. Conta-se que os três saíram muito preocupados de suas casas, pois há muito tempo não se tinha notícia de rede cheia na região. Com suas canoas, eles entraram no rio Paraíba do Sul, na altura do porto José Corrêa Leite, e por seis quilômetros tentaram, sem êxito, capturar peixes em suas redes.

Na altura do porto Itaguaçu, João Alves jogou sua rede e, ao trazê-la de volta, notou algo pesado preso na trama. Ao examinar o objeto mais de perto viu que era uma escultura que representava uma mulher e estava sem a cabeça. Colocou a peça em cima de um pano e tornou a lançar a rede no rio. Para sua surpresa, ao puxá-la de volta, tirou das águas a cabeça esculpida do objeto. Ao colocá-la ao lado do corpo que veio na primeira rede, viu que eram partes de uma mesma peça: uma imagem de Nossa Senhora da Imaculada Conceição.

Tocado, João Alves embrulhou a imagem no pano, contou o feito aos companheiros e continuou seu trabalho. Como por milagre, depois da aparição da imagem, a pesca foi tão farta que a canoa dos três pareceu até pequena. Alegres, os pescadores voltaram a Guaratinguetá com suprimento mais que suficiente para alimentar o importante visitante que a cidade aguardava. Por ter "aparecido" na rede de João Alves, a imagem da Santa ficou conhecida como Nossa Senhora da Conceição Aparecida, ou Nossa Senhora Aparecida.

Feita de barro escuro e com um leve sorriso no rosto, a imagem rechonchudinha da Santa encantou os moradores da vila. As feições da estatueta e a cor da pele combinavam com o espírito e a tez dos moradores da região — mestiços de portugueses, negros e índios, que já se identificavam e se reconheciam como brasileiros.

A imagem apareceu na rede de João Alves, mas foi o outro pescador, Filipe Pedroso, quem ergueu um singelo altar em sua casa para recebê-la. Foi ele também quem colou o corpo e a cabeça de Nossa Senhora com cera de abelha apiacá. Ao que tudo indica, a pesca do dia em que a Santa foi encontrada foi tão farta que sobrou peixe para os três pescadores levarem para casa e alimentarem suas famílias.

A chegada da imagem coincidiu com dias de alegria e fartura, que foram descritos como milagrosos pelos moradores da região. Logo começaram a ser organizados dias de oração aos pés da imagem "aparecida" nas águas escuras do rio Paraíba do Sul.

Por nove anos, a casa de Filipe Pedroso abrigou a imagem de Nossa Senhora Aparecida, que, ainda sem manto e sem coroa, ficava em cima de um pedestal de madeira muito simples. De lá, ela foi transferida para a casa de Athanázio Pedroso, filho de Filipe, com quem ficou por seis anos.

A imagem apareceu na rede de João Alves, mas foi o outro pescador, Filipe Pedroso, quem ergueu um singelo altar em sua casa para recebê-la.

Athanázio teria construído um oratório para ela, que ficava apoiado em um altar de madeira muito parecido com o que seu pai tinha feito.

O primeiro registro da veneração dessa imagem aparecida no rio Paraíba do Sul é do padre João Morais e Aguiar e está no *Livro do Tombo* da Paróquia de Guaratinguetá, de 1757. O texto transcrito no livro *Aparecida, caminhos da fé*, do padre Fernando Altemeyer Jr., diz assim:

> "No ano de 1719, pouco mais ou menos, passando por esta Vila para as Minas, o governador delas e de São Paulo, o conde de Assumar, Dom Pedro de Almeida, foram notificados pela Câmara os pescadores para apresentarem todo o peixe que pudesse haver para o dito governador. Entre muitos foram pescar Domingos Martins Garcia, João Alves e Filipe Pedroso, em suas canoas. E, principiando a lançar suas redes no porto de José Corrêa Leite, continuaram até o porto do Itaguassu, distância bastante, sem tirar peixe algum, e lançando neste porto João Alves a sua rede de rastro tirou o corpo da Senhora, sem cabeça;

lançando mais abaixo outra vez a rede, tirou a cabeça da mesma Senhora, não se sabendo nunca quem ali a lançasse (...) continuando a pescaria, não tendo até então tomado peixe algum, dali por diante foi tão copiosa a pescaria em poucos lances que, receosos, ele e os seus companheiros de naufragarem pelo muito peixe que tinham nas canoas, se retiraram a suas vivendas, admirados deste sucesso.

Filipe Pedroso conservou essa imagem, pouco mais ou menos em sua casa junto a Lourenço de Sá; passando para Ponte Alta, ali a conservou em sua casa nove anos pouco mais ou menos. Dali passou a morar em Itaguassu, onde deu a imagem a seu filho Athanázio Pedroso, o qual lhe fez um oratório tal e qual, e em um altar de paus colocou a Senhora, onde todos os sábados se juntava a vizinhança a cantar o terço e mais devoções."

CAPÍTULO 2
As igrejas

A devoção a Nossa Senhora da Imaculada Conceição — alusão à concepção de Maria, realizada sem pecado — chegou ao Brasil a bordo dos primeiros navios portugueses. Em 1646, Dom João IV, então rei de Portugal, proclamou Nossa Senhora da Imaculada Conceição como padroeira do país. Desde 1500 há registros de oratórios, ermidas e capelas dedicadas a ela em terras brasileiras.

A imagem encontrada no rio Paraíba do Sul difere um pouco das mais tradicionais imagens da padroeira dos portugueses. Nelas, a Santa costuma ser representada mais esguia, com a tez branca e cabelos louros e mais longos. A que foi encontrada em águas brasileiras tem o aspecto de uma menina simples, com feição singela e alegre. Por isso, por muito tempo, alguns moradores do vilarejo que se reuniam para rezar aos sábados acharam que aquela estatueta não era de uma Santa. Numa noite calma e sem ventania, quando se discutia se a imagem era ou não da Virgem Maria, as velas que cercavam a imagem apagaram-se repentinamente. Dona Silvana Rocha, moradora que presidia a oração daquela noite, prontificou-se a reacendê-las, mas, antes que chegasse com o fogo perto das velas, todas recuperaram suas chamas. Desse dia em diante, ninguém mais duvidou estar diante da imagem de uma Santa.

Há outra versão dessa mesma passagem, que ficou conhecida como o segundo milagre de Nossa Senhora Aparecida. Diz-se que um rude morador da região, descrente da Santa, resolveu participar das rezas em torno dela. No momento da oração, o homem não acompanhou o coro puxado por Silvana Rocha e, sem a interferência de vento, todas as velas do local se apagaram. O homem teria então se ajoelhado e pedido perdão à Santa, no mesmo momento em que Silvana se encaminhava para reacender as velas. Antes que ela as tocasse, todas se acenderam, para admiração dos presentes.

Depois de 15 anos, os feitos da singela estátua da Nossa Senhora de tez escura já estavam tão famosos que a casa de Athanázio ficou pequena para abrigar os devotos que se reuniam para rezar, agradecer ou fazer pedidos à Virgem. Sabendo das condições precárias do lugar, o vigário José Alves Vilela resolveu instalá-la num local mais espaçoso e assim dar mais conforto aos que vinham rezar. A primeira capela feita para abrigar a imagem foi inaugurada em 1734 e ficava muito próxima ao caminho que ligava os portos de Paraty, Santos e Ubatuba ao interior de São Paulo e aos estados do Paraná, Minas Gerais e Goiás. Com isso, a fama de Nossa Senhora Aparecida foi se espalhando por intermédio dos tropeiros, dos soldados, dos mineradores, dos aventureiros e dos pequenos comerciantes que por ali passavam.

Em 1743, padre Vilela percebeu que o local de novo estava pequeno para o número de fiéis que o visitavam. Conseguiu então licença do bispo para que uma nova igreja fosse erguida. Em 6 de maio de 1744, Margarida Nunes Rangel cedeu o terreno do Morro dos Coqueiros para a construção. Os fiéis ajudaram com contribuições e a capela foi construída com todo zelo e com o melhor material possível.

Com uma procissão organizada pelo padre Vilela, então vigário da Paróquia de Santo Antônio de Guaratinguetá, a imagem de Nossa Senhora Aparecida foi levada à primeira igreja construída em sua homenagem no dia 25 de julho de 1745. Na manhã seguinte, com missa, houve a inauguração da igreja.

Passado mais de um século, mais uma vez o lugar ficou pequeno para abrigar o número de romeiros que queriam ver a imagem da Santa. Em 1834, novamente foi iniciada a construção de uma igreja maior. A nova igreja ainda estava em obras quando a princesa Isabel, acompanhada de seu marido, o Conde d'Eu, visitou a imagem santa. Conta-se que, 16 anos antes, ela e o marido ali estiveram para pedir um herdeiro. Depois de feito o pedido, tiveram três filhos. A princesa aproveitou a segunda visita para doar à santa uma coroa de ouro 24 quilates, cravejada com cerca de trinta diamantes grandes e pequenos, e um manto de veludo bordado com fios de ouro.

Essa igreja, atualmente conhecida como Basílica Velha, foi inaugurada no dia 24 de junho de 1888. Já nessa época há registros da passagem de mais de 150 mil romeiros em um mesmo ano para visitar a imagem da Virgem. A inauguração da Estrada de Ferro Central do Brasil, no final da década de 1870, pode ser uma explicação para um número tão grande de pessoas naqueles tempos. Em comemoração aos cinquenta anos da proclamação do dogma da Imaculada Conceição, Nossa Senhora Conceição Aparecida foi coroada com os ornamentos que ganhou da princesa Isabel, em missa solene no ano de 1904. No mesmo dia também foi proclamada Rainha e Mãe Nossa Senhora Aparecida.

A devoção a Nossa Senhora Aparecida continuou crescendo, e o número de romeiros que se dirigiam a Guaratinguetá para visitá-la era cada vez maior. Com o passar do tempo, um vilarejo bem-organizado começou a despontar ao redor da igreja feita em homenagem à Santa. Em dezembro de 1928, o lugar emancipou-se e se tornou o município de Aparecida. No ano seguinte, o papa Pio XI proclamou Nossa Senhora Aparecida Rainha do Brasil e padroeira oficial do país. Em 31 de maio de 1931, a imagem da Santa foi levada ao Rio de Janeiro, onde a padroeira do Brasil foi consagrada diante de um milhão de fiéis — número espantoso para a época.

Na década de 1950, Luiz Gonzaga, respeitado músico brasileiro e festejadíssimo como "o rei do baião", gravou uma canção em homenagem à Santa cujo refrão dizia assim:

Senhora de Aparecida,
Senhora de Aparecida
Com o seu manto de anil,
Com o seu manto de anil
Cuida da minha família,
Cuida da minha família
Padroeira do Brasil,
Padroeira do Brasil
Ai, ai-ai, ai-ai, Padroeira do Brasil.

Nessa mesma década, mais uma vez, a igreja que hospedava Nossa Senhora Aparecida ficou pequena para o número de visitantes diários que recebia. Depois de lançar a pedra fundamental em 1946, os missionários redentoristas, responsáveis pelo atendimento aos romeiros, organizaram-se para começar a construção de uma igreja maior em novembro de 1955.

Em agosto de 1967, quando seriam comemorados os 250 anos do aparecimento da Virgem Maria, a imagem de Nossa Senhora Aparecida recebeu do Vaticano a Rosa de Ouro, como oferta do Papa Paulo VI. Distinção antiga da igreja, a rosa é ofertada a personalidades que prestam serviços relevantes à Igreja ou a cidades e santuários que se destacam dentro da devoção católica.

Em 1978, a imagem de Nossa Senhora Aparecida sofreu um atentado. Um homem, que sofria de problemas mentais, quebrou o vidro que a protegia, pegou-a e, com ela nas mãos, caiu de uma altura de cerca de dois metros. Com a queda, a imagem partiu-se em mais de 150 pedaços. Suas partes foram encaminhadas ao professor Pietro Maria Bardi, na época diretor do Museu de Arte de São Paulo (Masp). Bardi, com a ajuda do colecionador de imagens brasileiras João Marinho, mapeou o trabalho realizado pela artista plástica Maria Helena Chartuni. A tarefa levou trinta dias para ser concluída e foi dificultada pelo fato de não haver muitas fotografias que mostrassem detalhes da peça. No final de agosto, a imagem reconstituída de Nossa Senhora Aparecida voltou para seu lugar.

A nova basílica ainda estava em obras em 1980 quando o papa João Paulo II esteve no Brasil pela primeira vez. Ainda assim, ele visitou o local e o consagrou. No dia 3 de outubro de 1982, a imagem de Nossa Senhora deixou a Basílica Velha para instalar-se em seu novo templo, no Morro das Pitas. Mais espaçosa, a Catedral Basílica de Aparecida, construída em estilo neorromânico com tijolos aparentes, tem capacidade para abrigar 45 mil pessoas. Dois anos mais tarde, durante uma reunião da Conferência Nacional dos Bispos do Brasil (CNBB), a imensa construção foi declarada Santuário Nacional.

CAPÍTULO 3
Os primeiros milagres

A Basílica Nova, como é conhecida entre os fiéis, foi unida à Velha por uma passarela de 389 metros de comprimento. As duas recebem visitantes durante todo o ano. Maior santuário de peregrinação mariana do mundo, a cidade de Aparecida tem cerca de 36 mil habitantes e vive principalmente do turismo e do comércio em torno dos romeiros que visitam a imagem de Nossa Senhora Aparecida. Estima-se que cerca de oito milhões de romeiros visitem a cidade por ano.

Uma das áreas mais impressionantes da Basílica Nova de Aparecida é a Sala das Promessas, no subsolo da igreja. Ali, num espaço de 1,3 mil metros quadrados, devotos depositam réplicas de cabeças, braços, pernas e outras partes e órgãos do corpo humano, fotografias e velas acesas — da altura de homens, mulheres e crianças —, em agradecimento a curas dos mais variados males atribuídas à Santa. Antes de levar seus ex-votos à sala, os religiosos costumam assistir à missa na Basílica para, ao final do culto, receber a bênção dos objetos. Atualmente, a igreja recebe perto de 1,5 mil objetos todo mês e já acumula mais de 70 mil fotos. De tempos em tempos, a equipe que cuida da Basílica troca os objetos da sala por outros, novos, enviados por devotos agradecidos.

A pesca farta no dia de sua primeira aparição é considerado o primeiro milagre de Nossa Senhora Aparecida. Sobre esse episódio há um poema de Adelmar Tavares, escrito em 1940, muito popular entre os devotos:

O MILAGRE DE APARECIDA
Os homens não tinham peixe

Para o Conde de Assumar.
Os barcos desciam nas águas escuras
Do rio deserto... E os barcos subiam
Nas águas escuras do rio deserto...
Tornavam subindo... descendo... a tentar!
Lançavam as redes puxavam as redes...
E as redes vazias! Sem nada pescar!

E os homens não tinham peixe
Para o Conde de Assumar.

Domingos Garcia, caboclo valente,
Com os braços de ferro, tocava a empurrar
A triste canoa, sem nada pescar.
Pedroso gritava para os companheiros,
Que logo cortavam as águas escuras do rio deserto:
— Olá, companheiros,
olá canoeiros,
que novas a dar, que novas a dar?

E a mesma resposta caía na noite,
nos barcos vazios, sem nada pescar...

Os homens não tinham peixe
Para o Conde de Assumar.
João Alves, aflito, já sem esperança
Olhando as estrelas, se pôs a rezar.

— Santíssima Virgem, tem pena de mim!...
Rainha Celeste, tem pena de mim!...
És dona dos peixes que moram nas águas!
Ordena-os que venham encher nossos barcos!
Que um só dos teus gestos nos pode salvar!...
Dá-nos peixe p'ra Dom Pedro
Para o Conde de Assumar!

E a rede atirando, com punho de mestre,
E a rede nas águas se abriu em estrelas.

Caiu... Foi ao fundo... João Alves chorava,
João Alves rezava, tocado de fé...
Puxou de mansinho, que a rede pesava...
"São peixes!" — dizia. "São peixes enfim,
que Nossa Senhora tem pena de mim!"

Mas, oh, luz estranha que vem dentre a rede!
É Nossa Senhora que vem dentre a rede
Do pobre, do humilde, feliz pescador,
Que, em louca alegria, se põe a gritar:
— Olá, canoeiros!
Olá, companheiros!
Olá, pescadores que estais a pescar!
Milagre! Milagre! Fazei Vossos lanços!
Que Nossa Senhora já me apareceu!

E os homens todos tocados
De uma alegria sem par,
Encheram os barcos de peixes
Para o conde de Assumar.
Oh! Nossa Senhora, que ouviste o barqueiro,
Que ouviste há dois séculos, de nós não te vás!
Nem mesmo um instante, sequer, nos esqueças!
Tu, que apareceste, não desapareças
Daqui, desta Pátria! Jamais! Nunca mais!

O episódio das velas que se acenderam sozinhas quando os devotos faziam sua oração é considerado o segundo milagre de Nossa Senhora Aparecida. Mas vários milagres ganharam fama entre os fiéis logo depois da aparição da imagem da Santa.

O relato de um deles vem da cidade de Salto de Paranapanema, onde um certo Manoel Barreto gostava muito de caçar. Uma tarde, conta-se, ele entrou na mata atrás de um cateto, um tipo de porco do mato. Depois de algumas horas, chegou a uma clareira onde estavam vários desses animais. Manoel disparou dois tiros contra um deles e notou que ficara sem munição. Preparava-se então para voltar para casa, quando viu que uma onça, também apreciadora de catetos, o espreitava. Mal se moveu e a onça fez menção de atacá-lo. Desesperado, Manoel ajoelhou-se e pediu proteção a Nossa Senhora Aparecida. Para sua surpresa, a onça fugiu sem nem o tocar. Manoel foi então a Aparecida para agradecer à Santa. Uma pintura desse milagre, ocorrido por volta de 1820, foi feita na matriz de Aparecida.

É também famosa a história da filha cega de Gertrudes Vaz, que vivia em Jaboticabal por volta de 1840. O filho mais velho de Gertrudes, Malaquias, era devoto de Nossa Senhora Aparecida e, de tempos em tempos, ia visitar a imagem da Santa em agradecimento às graças recebidas. Sua irmã sempre ouvia admirada as histórias das viagens do irmão e das bênçãos da Virgem e insistia com a mãe para que a levasse para conhecê-la. Como eram muito pobres, Gertrudes desconversava, dizendo que a jovem era cega e não poderia aproveitar o passeio. Depois de muita insistência da filha, a mãe cedeu e disse que, se ela arrumasse cinco mil réis para as despesas da viagem, a levaria para conhecer a tão famosa imagem de Nossa Senhora. A garota pediu o dinheiro a um tio e acabou conseguindo dez mil réis. As duas saíram então em viagem.

Diz-se que quando mãe e filha chegaram ao Alto da Boa Vista, no bairro das Pedras, que fica a cerca de três quilômetros da capela, a mãe começou a descrever a igreja para a filha cega. Para sua alegria e espanto a menina respondeu: "Mãe, eu estou enxergando tudo o que a senhora está me dizendo!" Felizes, as duas chegaram aos pés da Santa e rezaram por muitas horas seguidas em agradecimento pela recuperação da visão.

Conta-se ainda que, alguns anos mais tarde, um escravo chamado Zacarias fugiu de uma propriedade no Paraná e acabou sendo capturado no Vale do Paraíba. Assim que foi encontrado por seu proprietário, Zacarias foi preso com argolas de ferro nos punhos e no pescoço. No caminho de volta, o grupo passou em frente ao templo de Nossa Senhora Aparecida e o escravo pediu para fazer uma prece para a Santa. Seu pedido foi atendido. Enquanto rezava para Nossa Senhora Aparecida, as argolas que prendiam seu pescoço e punhos abriram-se diante de todos os presentes. Espantado, seu patrão perdeu a fala. Conta-se que, depois de medicado, o homem concedeu a alforria a Zacarias e passou a propagar os prodígios da Santa milagreira.

Há também a história de um garoto de três anos, Marcelino de Jesus da Silva, que foi brincar nas margens do rio Paraíba do Sul perto da ponte Alta, onde ficava sua casa. Ao chegar próximo ao rio, encontrou a canoa que seu pai, Francisco Gonçalves, costumava usar para transportar pessoas de uma margem para a outra e também para carregar lenha. O menino teria subido na canoa e, com o balanço da pequena embarcação, caído no rio. Um grupo de rapazes que pescava na outra margem viu o acidente e gritou pela mãe do garotinho. Angelina, mãe de Marcelino, chegou correndo ao local, mas, como não sabia nadar, ajoelhou-se e rezou sem parar, pedindo ajuda a Nossa Senhora Aparecida. Algum tempo depois, o pai do menino chegou, pegou sua canoa e remou mais ou menos oito metros até o lugar onde Marcelino boiava, sem nada sofrer. O menino teria ficado atordoado durante três dias, mas depois se recuperou e cresceu saudável e perfeito.

Quem visita a primeira igreja erguida em homenagem a Nossa Senhora Aparecida vê, logo na entrada, as marcas de ferradura deixadas por um cavalo. Segundo a tradição, em ano incerto no século XIX, um forasteiro ateu que passava pela vila de Guaratinguetá, depois de tomar algumas doses de bebida, saiu pela cidade dizendo em alto e bom som que entraria a cavalo na igreja de Nossa Senhora Aparecida. Todos acharam que era brincadeira de beberrão e não deram ouvidos a ele. Entretanto, em dado momento, o forasteiro começou a subir a ladeira da igreja, reforçando sua intenção. Curiosos o acompanharam e viram quando as patas do animal ficaram presas nas pedras da escadaria sem conseguir se mover. Conta-se que a partir daí o forasteiro converteu-se ao catolicismo e tornou-se devoto fervoroso da Santa. A dupla de violeiros Tonico e Tinoco fez uma música e atuou em um filme que conta a história desse milagre. Dirigido por Nelson Teixeira Mendes, o filme chama-se *A marca da ferradura* e é de 1970.

CAPÍTULO 4
A imagem da Virgem Maria

A imagem de Nossa Senhora da Imaculada Conceição, que foi retirada do rio Paraíba do Sul, em 1717, e ficou famosa como Nossa Senhora Aparecida, mede 36 centímetros e pesa cerca de 2,5 quilos.

Depois do atentado que sofreu em 1978, ela pôde ser cuidadosamente estudada. Hoje, depois dos trabalhos e estudos feitos pelos peritos, sabemos que foi esculpida no século XVII em barro ou argila paulista cozida, técnica também conhecida como terracota. Tudo indica que, antes de cair nas águas do Paraíba, ela era pintada em azul e vermelho. Provavelmente, a fuligem de lampiões dos oratórios usados naquela época alterou sua cor original, meio acinzentada, para o castanho.

Não há qualquer indicação de autoria na peça. Suspeita-se que a imagem tenha sido feita pelo frade ceramista Agostinho de Jesus ou por algum discípulo seu. Por volta de 1650, esse religioso trabalhou em mosteiros na região de Santana do Parnaíba. Há marcas do estilo das peças confeccionadas por ele na imagem da Santa brasileira. O formato da cabeça, o penteado que termina em duas tranças, as flores em alto-relevo e o diadema de pérolas pendentes que adorna os cabelos são algumas delas, bem como o sorriso que mostra os dentes da frente e a covinha no queixo. Eram comuns também, nos trabalhos do frade, a pequena barriguinha que marca o manto da Santa e o anjo em alto-relevo exposto em forma de meia lua aos pés da imagem.

Há indícios de que alguns reparos haviam sido realizados antes da restauração feita pela pesquisadora do Masp. No ano de 1857, a imagem ganhou um pedestal de prata lavrada para aumentar sua sustentação. A cabeça, que caía

A imagem de Nossa Senhora da Imaculada Conceição, que foi retirada do rio Paraíba do Sul em 1717 e ficou famosa como Nossa Senhora Aparecida.

de tempos em tempos, foi colada diversas vezes no corpo. Por causa de sua fragilidade, a imagem de Nossa Senhora Aparecida sai muito pouco da basílica que a abriga.

O manto que atualmente cobre a imagem da Santa é feito de veludo, bordado em ouro, e traz as bandeiras do Brasil e do Vaticano. Estudiosos contam que o uso da capa aberta e sua cor, que lembra o azul-noite, indicam que a imagem veio do céu — e para ele voltará. A coroa, presenteada pela princesa Isabel, reforça o título de Rainha e Padroeira do Brasil. Ao lado da Santa fica também a Rosa de Ouro doada pelo Papa Paulo XVI.

CAPÍTULO 5
Orações e novenas

Há um sem-número de orações a Nossa Senhora Aparecida. A seguir, selecionamos as mais conhecidas e usadas por seus devotos.

Consagração a Nossa Senhora Aparecida

Ó Maria Santíssima, que em Vossa imagem milagrosa de Aparecida espalhais inúmeros benefícios sobre o Brasil. Eu, embora indigno de pertencer ao número dos Vossos servos, mas desejando participar dos benefícios da Vossa misericórdia, prostrado a Vossos pés, consagro-Vos o entendimento, para que sempre pense no amor que mereceis.

Consagro-Vos a língua, para que sempre Vos louve e propague a Vossa devoção. Consagro-Vos o coração, para que, depois de Deus, Vos ame sobre todas as coisas. Recebei-nos, ó Rainha incomparável, no ditoso número dos Vossos servos. Acolhei-nos debaixo da Vossa proteção. / Socorrei-nos em nossas necessidades espirituais e temporais e, sobretudo, na hora da nossa morte. Abençoai-nos, ó Mãe Celestial, e com Vossa poderosa intercessão fortalecei-nos em nossa fraqueza, a fim de que, servindo-Vos fielmente nesta vida, possamos louvar-Vos, amar-Vos e render-Vos graças no céu, por toda eternidade. Assim seja.

Para pedir proteção à família
Senhora Aparecida, eu renovo, neste momento, a minha consagração. Eu Vos consagro os meus trabalhos, sofrimentos e alegrias, o meu corpo, a minha alma e toda a minha vida. Eu Vos consagro a minha família! Ó Senhora Aparecida, livrai-nos de todo o mal, das doenças e do pecado. Abençoai as nossas famílias, os doentes, as criancinhas. Abençoai a Santa Igreja, o Papa e os bispos, os sacerdotes e ministros, religiosos e leigos. Abençoai a nossa paróquia, o nosso pároco. Senhora Aparecida, lembrai-Vos que sois

Padroeira poderosa da nossa Pátria! Abençoai o nosso governo. Abençoai, protegei, salvai o Vosso Brasil! E dai-nos a Vossa bênção.

Para pedir proteção

Ó Senhora minha, ó minha Mãe, eu me ofereço todo a Vós; e, em prova de minha devoção para convosco, eu Vos consagro neste dia os meus olhos, os meus ouvidos, a minha boca, o meu coração e inteiramente todo o meu ser. E, guardai-me e defendei-me, como coisa e propriedade Vossa. Amém!

Oração a Nossa Senhora Aparecida

Senhora Aparecida, o Brasil é Vosso! / Rainha do Brasil, abençoai a nossa gente! / Tende compaixão do Vosso povo! / Socorrei os pobres! / Consolai os aflitos! / Iluminai os que não têm fé! / Convertei os pecadores! / Curai os nossos enfermos! / Protegei as criancinhas! / Lembrai-Vos dos nossos parentes e benfeitores! / Guiai a mocidade! / Guardai nossas famílias! / Visitais os encarcerados! / Norteai os navegantes! / Ajudai os operários! / Orientai o nosso clero! / Assisti os nossos bispos! / Conservai o santo padre! / De-

fendei a santa Igreja! / Esclarecei o nosso Governo! / Ouvi os que estão presentes! / Não Vos esqueçais dos ausentes! / Paz ao nosso povo! / Tranquilidade para a nossa terra! Prosperidade para o Brasil! / Salvação a nossa Pátria! / Senhora Aparecida, o Brasil Vos ama, o Brasil em Vós confia! / Senhora Aparecida, o Brasil tudo espera de Vós! / Senhora Aparecida, o Brasil Vos aclama! / Salve, Rainha! / Amém!

Consagração a Nossa Senhora Aparecida

Ó Maria Santíssima, que em Vossa querida imagem de Aparecida espalhais inúmeros benefícios sobre todo o Brasil, eu, embora indigno de pertencer ao número de Vossos filhos, mas cheio de desejo de participar dos benefícios de Vossa misericórdia, prostrado a Vossos pés, consagro-Vos o meu entendimento, para que sempre pense no amor que mereceis; consagro-Vos a minha língua, para que sempre Vos louve e propague a Vossa devoção; consagro-Vos o meu coração, para que, depois de Deus, Vos ame sobre todas as coisas. / Recebei-me, ó Rainha incomparável, no ditoso número de Vossos filhos; acolhei-me debaixo de Vossa proteção; socorrei-me em todas as minhas necessidades e temporais e, sobretudo, na hora de minha morte.

Abençoai-me, ó Mãe celestial, e com Vossa poderosa intercessão fortalecei-me em minha fraqueza, a fim de que, servindo-Vos fielmente nesta vida, possa louvar-Vos, amar--Vos e dar-Vos graças no céu, por toda eternidade. Assim seja! Nossa Senhora Aparecida, rogai por nós!

Oração a Nossa Senhora Aparecida

Lembrai-Vos, ó Mãe Aparecida, que nunca se ouviu dizer que algum daqueles que têm invocado e implorado Vossa proteção fosse por Vós abandonado. Animados com esta confiança a Vós recorremos, tomando-Vos de hoje para sempre por nossa Mãe, consolação e guia, esperança e luz na hora da morte. Mãe Aparecida, livrai-nos de tudo o que possa ofender-Vos e a Vosso Filho Jesus Cristo, Nosso Redentor e Senhor. Preservai-nos de todos os perigos, dirigi--nos em todos os empreendimentos temporais. Soberana Senhora, livrai-nos da tentação e de todos os males que nos ameaçam a cada instante da nossa vida. Protegei as famílias brasileiras e livrai-as de todos os perigos e ameaças. Nossa Senhora Aparecida, rogai por nós!

Oração a Nossa Senhora Aparecida

Ó incomparável Senhora da Conceição Aparecida, Mãe de Deus, Rainha dos anjos, advogada dos pecadores, refúgio e consolação dos aflitos e atribulados, ó Virgem Santíssima, cheia de poder e bondade, lançai sobre nós um olhar favorável para que sejamos socorridos em todas as necessidades em que nos achamos. / Lembrai-Vos, ó Clementíssima Mãe Aparecida, que nunca se ouviu dizer que algum daqueles que têm recorrido a Vós, invocado Vosso santíssimo nome e implorado Vossa singular proteção, fosse por Vós abandonado. Animados com esta confiança, a Vós recorremos, tomando-Vos de hoje para sempre por nossa Mãe, nossa protetora, consolação e guia, esperança e luz na hora da morte. / Senhora, livrai-nos de tudo o que Vos possa ofender e a Vosso santíssimo Filho, nosso Redentor e nosso Senhor Jesus Cristo. / Virgem bendita, preservai-nos de todos os perigos da alma e do corpo; dirigi-nos em todos os negócios espirituais e temporais. / Soberana Senhora, livrai-nos da tentação do demônio e de todos os males que nos ameaçam, para que, trilhando o caminho da virtude, possamos, um dia, ver-Vos e amar-Vos na eterna glória por todos os séculos. Amém.

Prece a Nossa Senhora Aparecida
(para fazer um pedido)

Ó incomparável Senhora da Conceição Aparecida, Mãe de Deus, Rainha dos anjos, Advogada dos pecadores, refúgio e consolação dos aflitos e atribulados, ó Virgem Santíssima, cheia de poder e bondade, lançai sobre nós um olhar favorável para que sejamos socorridos em todas as necessidades em que nos achamos. / Nossa Senhora Aparecida, escutai os nossos pedidos e intercedei a Deus por nós, alcançando-nos hoje a graça de que tanto precisamos.
(Fazer o pedido e repetir a oração para agradecer).

Oração para pedido de graça

Senhora Aparecida, olhai com bondade para Vossos filhos reunidos aqui, diante de Vosso altar, e concedei-nos muita saúde, alegria, paz e a graça que agora Vos pedimos.
(Fazer o pedido em silêncio e rezar depois um Pai-Nosso, uma Ave-Maria e um Glória-ao-Pai).

Pedido de proteção a Nossa Senhora Aparecida

Senhora Aparecida, livrai-nos de tudo o que possa Vos ofender e a Vosso Filho, nosso Redentor e Senhor Jesus Cristo.

Virgem Bendita, preservai-nos de todos os perigos da alma e do corpo; dirigi-nos em nossos negócios materiais e em nossas necessidades espirituais. / Soberana Senhora, livrai--nos da tentação do demônio e de todos os males que nos ameaçam, para que, um dia, possamos ver-Vos na eterna glória por todos os séculos. Nossa Senhora Aparecida, rogai por nós e por todas as pessoas que hoje pedem a Vossa proteção. Amém.

Oração singela a Nossa Senhora
Senhora Aparecida, Vós sois a estrela que nos ilumina e nos guia na noite escura. Concebei que tenhamos os olhos e o coração sempre abertos para perceber a luz de Deus em nossa vida e a fé de acolhê-la com amor.

Oração de iluminação
Senhora Aparecida, libertai-nos de toda escravidão, especialmente da escravidão da injustiça, da ganância e da violência. Fazei-nos viver na solidariedade e no amor, que são frutos da verdadeira liberdade dos filhos de Deus.

Oração por mesa farta

Senhora Aparecida, Virgem das mãos postas e do sorriso compassivo, intercedei por nós junto ao Vosso Filho Jesus, para que não falte a ninguém o pão de cada dia nem a paz e a harmonia, sobretudo nos lares brasileiros.

Renovação da consagração a Nossa Senhora Aparecida

Senhora Aparecida, eu renovo, neste momento, a minha consagração. Eu Vos consagro os meus trabalhos, sofrimentos e alegrias; o meu corpo, a minha alma e toda a minha vida. Eu Vos consagro a minha família. / Ó Senhora Aparecida, livrai-nos de todo mal, das doenças e do pecado. Abençoai as nossas famílias, os doentes, as criancinhas. Abençoai a santa Igreja, o Papa e os bispos; os sacerdotes e ministros, religiosos e leigos. Abençoai a nossa paróquia e o nosso pároco. / Senhora Aparecida, lembrai-Vos que sois a padroeira poderosa da nossa pátria. Abençoai o nosso governo! Abençoai, protegei e salvai o Vosso Brasil! E dai-nos a Vossa bênção. Assim seja.

Novena a Nossa Senhora da Conceição Aparecida

1º DIA: QUEREMOS FORTALECER NOSSA FÉ.

Reflexão: É com espírito de fé autêntica que o cristão deveria encarar todos os acontecimentos de sua vida. Com a devoção filial a Maria Santíssima, esperamos conseguir esta graça. Adoramos só a Deus. Veneramos os santos. / Os idólatras do dinheiro não são capazes de fazer distinção. / A fé é uma disposição habitual do nosso espírito que nos leva a situar toda a nossa vida dentro do plano de Deus.

Oração: Concedei a Vossos servos, nós Vo-lo pedimos, Senhor nosso Deus, que gozemos sempre da saúde da alma e do corpo e, pela gloriosa intercessão da bem-aventurada sempre Virgem Maria, sejamos livres da tristeza presente e alcancemos as graças que precisamos e eterna glória.
Por Cristo nosso Senhor. Amém.
(Rezar um Pai-Nosso, uma Ave-Maria, um Glória-ao-Pai e uma Salve-Rainha). Dai-nos a bênção, ó Mãe querida, Nossa Senhora da Conceição Aparecida.

2º DIA: QUEREMOS FORTALECER NOSSA ESPERANÇA.
Reflexão: Feliz aquele que não perdeu suas esperanças.

A esperança não decepciona, porque o amor de Deus foi derramado em nossos corações pelo Espírito Santo que nos foi dado. (Rm 5,5) Tudo se pode perder: a riqueza, o prestígio. Mas enquanto viveres, a felicidade retornará sempre ao coração, se levantares, sem medo, os olhos ao céu, estarás certo de tua pureza e serás feliz, aconteça o que acontecer.
Oração: *Como no primeiro dia.*
(Rezar um Pai-Nosso, uma Ave-Maria, um Glória-ao-Pai e uma Salve-Rainha). Dai-nos a bênção, ó Mãe querida, Nossa Senhora da Conceição Aparecida.

3º DIA: QUEREMOS FORTALECER NOSSA CARIDADE.
Reflexão: *A caridade é a plenitude da lei. (Rm 13,10)*
A caridade é certa participação na caridade infinita que é o Espírito Santo. A caridade é a perfeição do amor. Enquanto a caridade não se tornar um cimento forte que una os homens entre si, a paz será palavra vã e a esperança ilusória.
"É verdadeiramente grande quem possui uma grande caridade." (Tomas à Kempis)
Oração: *Como no primeiro dia.*
(Rezar um Pai-Nosso, uma Ave-Maria, um Glória-ao-Pai e uma Salve-Rainha). Dai-nos a bênção, ó Mãe querida, Nossa Senhora da Conceição Aparecida.

4º DIA: PEDIREMOS A DEUS A VIRTUDE CARDEAL DA PRUDÊNCIA.

Reflexão: *"A prudência é o amor que discerne bem o que auxilia a marcha para Deus." (Santo Agostinho)*

Sê prudente em toda parte, examina tudo onde puseres o pé. "A prudência é uma virtude indivisivelmente moral e intelectual, e não pode ser substituída por nenhuma forma de conhecimento teórico ou científico." (Jacques Maritain) Em todos os tempos, os prudentes sempre venceram os audazes. "Quanto mais humilde for cada um em si e mais sujeito a Deus, tanto mais prudente será e calmo em tudo." (Tomas à Kempis)

Oração: *Como no primeiro dia.*

(Rezar um Pai-Nosso, uma Ave-Maria, um Glória-ao-Pai e uma Salve-Rainha). Dai-nos a bênção, ó Mãe querida, Nossa Senhora da Conceição Aparecida.

5º DIA: PEDIREMOS A DEUS A VIRTUDE CARDEAL DA JUSTIÇA.

Reflexão: *"Busca sempre a justiça." (Dt 16,20) "Pratica a justiça todos os dias de tua vida." (Tb 4,5) "Praticar a justiça e o direito vale mais para Deus do que os sacrifícios." (Pr.*

21,3) *"Bem-aventurados os que têm fome e sede de justiça, porque serão saciados." (Mt 5,6) Pratiquemos com todo empenho as obras da justiça. A justiça é a verdade em ação. "Feliz o justo, porque tudo lhe vai bem. Com efeito, colherá o fruto do seu procedimento." (Is 3,10)*
Oração: *Como no primeiro dia.*
(Rezar um Pai-Nosso, uma Ave-Maria, um Glória-ao-Pai e uma Salve-Rainha). Dai-nos a bênção, ó Mãe querida, Nossa Senhora da Conceição Aparecida.

6º DIA: PEDIREMOS A DEUS A VIRTUDE CARDEAL DA FORTALEZA.

Reflexão: *A fortaleza inclina-nos a fazer o bem apesar das dificuldades. A perfeição desta virtude revelou-se na vida dos mártires, mortos em testemunho de sua fé. Poucos de nós hoje teremos que enfrentar uma decisão que requeira tal grau de heroísmo. Mas, a virtude da fortaleza não poderá atuar se não tirarmos as barreiras levantadas hoje por um conformismo exagerado, pelo desejo de não aparecer e dizer corajosamente: "Sou cristão pela graça de Deus." O medo de sermos criticados, menosprezados ou ridicularizados seria um sinal de que somos homens de pouca fé e de coragem.*

Oração: *Como no primeiro dia.*
(Rezar um Pai-Nosso, uma Ave-Maria, um Glória-ao-Pai e uma Salve-Rainha). Dai-nos a bênção, ó Mãe querida, Nossa Senhora da Conceição Aparecida.

7º DIA: PEDIREMOS A DEUS A VIRTUDE CARDEAL DA TEMPERANÇA.

Reflexão: *A virtude da temperança nos ajuda a dominar os nossos desejos e usar dignamente das coisas que agradam os sentidos de nosso corpo, que precisam ser controlados e dominados, especialmente para moderar o uso dos alimentos e bebidas, para regular com maior facilidade o prazer sexual, também na vida dos casados. Esta virtude não elimina os desejos, mas regula-os. Evitando as circunstâncias perigosas, que poderiam fortalecer os desejos, manifestamos que realmente sabemos praticar essa virtude, tão útil e necessária para todos.*

Oração: *Como no primeiro dia.*
(Rezar um Pai-Nosso, uma Ave-Maria, um Glória-ao-Pai e uma Salve-Rainha). Dai-nos a bênção, ó Mãe querida, Nossa Senhora da Conceição Aparecida.

8º DIA: PEDIREMOS A DEUS QUE NOS AJUDE A PRATICAR AS OBRAS ESPIRITUAIS DE MISERICÓRDIA.

Reflexão: *"Bem-aventurados os misericordiosos, porque alcançarão misericórdia." (Mt 5,7) As obras de misericórdia espirituais são: dar bom conselho. Ensinar os ignorantes. Corrigir os que erram. Consolar os aflitos. Perdoar as injúrias. Sofrer com paciência as fraquezas do próximo. Rogar a Deus pelos vivos e finados. "Os homens exercem a misericórdia na medida em que podem; em troca, recebem-na de Deus em medida copiosa." (São João Crisóstomo)*

Oração: *Como no primeiro dia.*

(Rezar um Pai-Nosso, uma Ave-Maria, um Glória-ao-Pai e uma Salve-Rainha). Dai-nos a bênção, ó Mãe querida, Nossa Senhora da Conceição Aparecida.

9º DIA: PEDIREMOS A DEUS QUE NOS CAPACITE A PRATICAR AS OBRAS CORPORAIS DE MISERICÓRDIA

Reflexão: *Entre várias outras, serão as seguintes:*
Dar de comer a quem tem fome. Dar de beber a quem tem sede. Vestir os nus. Dar pousada aos peregrinos. Visitar os enfermos e os encarcerados. Remir os cativos. Participar do enterro dos mortos. Um coração aberto à miséria do

próximo está aberto à misericórdia de Deus. A misericórdia do homem para com seus semelhantes não é autêntica, senão quando se traduz em obras.
Oração: *Como no primeiro dia.*
(Rezar um Pai-Nosso, uma Ave-Maria, um Glória-ao-Pai e uma Salve-Rainha). Dai-nos a bênção, ó Mãe querida, Nossa Senhora da Conceição Aparecida.

Ladainha de Nossa Senhora
Senhor, tende piedade de nós. / Jesus Cristo, tende piedade de nós. / Senhor, tende piedade de nós. / Jesus Cristo, ouvi-nos. / Jesus Cristo, atendei-nos. / Deus, Pai dos céus, tende piedade de nós. / Deus Filho, / Redentor do mundo, / Deus Espírito Santo, / Santíssima Trindade, que sois um só Deus, / Santa Maria, Rogai por nós! / Santa Mãe de Deus, / Santa Virgem das virgens, / Mãe de Jesus Cristo, / Mãe da divina graça, / Mãe puríssima, / Mãe castíssima, / Mãe imaculada, Mãe intacta, / Mãe amável, / Mãe admirável, / Mãe do bom conselho, / Mãe do Criador, Mãe do Salvador, / Virgem prudentíssima, / Virgem venerável, / Virgem louvável, / Virgem poderosa, / Virgem clemente, / Virgem fiel, / Espelho de justiça, / Sede de sabedoria, / Causa de nossa alegria, /

Vaso espiritual, / Vaso honorífico, / Vaso insigne de devoção, / Rosa mística, / Torre de Davi, / Torre de marfim, / Casa de ouro, / Arca da aliança, / Porta do Céu, / Estrela da manhã, / Saúde dos enfermos, / Refúgio dos pecadores, / Consoladora dos aflitos, / Auxílio dos cristãos, / Rainha dos anjos, / Rainha dos patriarcas, / Rainha dos profetas, / Rainha dos apóstolos, / Rainha dos mártires, / Rainha dos confessores, / Rainha das virgens, / Rainha de todos os santos, / Rainha concebida sem pecado, / Rainha assunta ao céu, / Rainha do santo Rosário, / Rainha da paz, / Cordeiro de Deus, que tirais o pecado do mundo, / Perdoai-nos, Senhor. / Cordeiro de Deus, que tirais o pecado do mundo, / Ouvi-nos, Senhor. / Cordeiro de Deus, que tirais o pecado do mundo, / Tende piedade de nós. / Rogai por nós, Santa Mãe de Deus, / Para que sejamos dignos das promessas de Cristo.

Oremos

Concedei a Vossos servos, nós vo-lo pedimos, Senhor nosso Deus, que gozemos sempre da saúde da alma e do corpo, e pela gloriosa intercessão da Bem-aventurada sempre Virgem Maria sejamos livres da tristeza presente e alcancemos a eterna glória. Por Cristo, Nosso Senhor. Amém.

Canto a Nossa Senhora Aparecida

Graças Vos damos, Senhora, / Graças Vos damos, Senhora, / Virgem por Deus escolhida / para Mãe do Redentor, / ó Senhora Aparecida! Louvemos sempre a Maria, / Mãe de Deus, autor da vida; / a louvemos com alegria / a Senhora Aparecida! / Seja, pois, sempre bendita / a Virgem esclarecida; mil louvores sejam dados / à Senhora Aparecida! / Se quisermos ser felizes / nesta e na outra vida, / sejamos sempre devotos / da Senhora Aparecida! / Quando nos virmos cercados dos perigos desta vida / é-nos remédio infalível / a Senhora Aparecida! / E na hora derradeira, / ao sairmos desta vida, / rogai a Deus por nós, / Virgem Mãe Aparecida!

Cantos a Nossa Senhora

Com minha Mãe estarei / na santa glória um dia, / junto à Virgem Maria, / no céu triunfarei. / No céu, no céu, com minha Mãe estarei. / Com minha Mãe estarei / mas já que hei ofendido / a Seu Jesus querido / as culpas chorarei. / No céu, no céu, com minha Mãe estarei. / Com minha Mãe estarei, / unindo-me aos anjos, / no coro dos arcanjos / sua glória cantarei. / No céu, no céu, com minha Mãe estarei. / Ensina teu povo a rezar / Maria, Mãe de Jesus, / que um dia o Teu povo desperta / e na certa vai ver a luz; / que um dia o Teu povo se anima / e caminha com Teu Jesus./ Maria de Jesus Cristo, / Maria de Deus, Maria Mulher, / ensina o Teu povo o Teu jeito / de ser o que Deus quiser. / Maria, Senhora nossa, / Maria do povo, povo de Deus, / ensina o Teu jeito perfeito / de sempre escutar Teu Deus.

BIBLIOGRAFIA

ALTEMEYER JR., Pe. Fernando. *Aparecida, caminhos da fé*. São Paulo: Edições Loyola, 1998.

ANGELOZZI, Gilberto Aparecido. *Aparecida, a senhora dos esquecidos*. Petrópolis: Vozes, 1997.

MACCA, Marcelo. *Nossa Senhora Aparecida*. São Paulo: Planeta do Brasil, 2003.

RAMOS, Luciano. *Aparecida, Senhora dos brasileiros*. São Paulo: Paulinas, 2004.

WESCHENFELDER, Celina H.. *Nossa Senhora Aparecida, história e orações*. São Paulo: Paulinas, 2007.

PUBLISHER // Kaíke Nanne

EDITORA EXECUTIVA // Carolina Chagas

COORDENAÇÃO GERAL // Maristela Ciarrocchi

COORDENADORA DE PRODUÇÃO // Thalita Aragão Ramalho

PRODUTORA EDITORIAL // Lara Gouvêa

REVISÃO // Jaciara Lima e Luiz Werneck

DIAGRAMAÇÃO // Typostudio

CAPA // Lúcio Nöthlich Pimentel

FOTO DA CAPA // Leo Averna

Este livro foi impresso em São Paulo, em 2015,
pela Intergraf para a Petra.
O papel do miolo é offset 63g/m²,
e o da capa é cartão 250g/m².